DE LA
DISTRACTION DES DÉPENS

—

SA NATURE ET SES EFFETS

PAR

MARCELIN BOUISSOU

JUGE AU TRIBUNAL DE CASTELLANE

———

(ARTICLE EXTRAIT DE *LA FRANCE JUDICIAIRE*)

———

PARIS

A. DURAND et PEDONE-LAURIEL, Éditeurs,

LIBRAIRES DE LA COUR D'APPEL ET DE L'ORDRE DES AVOCATS

G. PEDONE-LAURIEL, Successeur

13, rue Soufflot, 13.

—

1880

DE LA

DISTRACTION DES DÉPENS

SA NATURE ET SES EFFETS

PAR

MARCELIN BOUISSOU

JUGE AU TRIBUNAL DE CASTELLANE

(ARTICLE EXTRAIT DE *LA FRANCE JUDICIAIRE*)

PARIS

A. DURAND et PEDONE-LAURIEL, Éditeurs,

LIBRAIRES DE LA COUR D'APPEL ET DE L'ORDRE DES AVOCATS

G. PEDONE-LAURIEL, SUCCESSEUR

13, rue Soufflot, 13.

1880

DE LA DISTRACTION DES DÉPENS

SA NATURE ET SES EFFETS

Afin de faciliter à chacun l'accès de la justice et ne pas permettre que la pauvreté soit vice, ou plutôt un obstacle à l'exercice d'une action légitime et bien fondée, le législateur a consacré un droit, d'une nature toute spéciale, appelée *distraction des dépens*. En vertu de ce droit, l'avoué, dont la demande a triomphé, peut exercer un recours contre la partie condamnée aux dépens. Ainsi assuré du remboursement des avances par lui faites, dans l'intérêt d'une cause lui paraissant juste, il n'hésitera pas à prêter l'appui de son ministère à la personne peu fortunée, dont les ressources seraient insuffisantes à fournir, au fur et à mesure, les sommes nécessaires à la marche de la procédure, qui, préliminaire indispensable, doit conduire cette personne à faire constater judiciairement la légitimité de ses prétentions.

Cette règle n'est pas nouvelle[1]. De l'ancien droit, elle a passé dans notre législation sous l'article 133 du code de procédure civile, d'après lequel : « Les avoués pourront demander la distraction des dépens à leur profit... » En d'autres termes, la loi assure à ces officiers ministériels un *privilège*, qu'ils ne tenaient autrefois que de la jurisprudence, par lequel ils ont la faculté de faire *distraire*, c'est-à-dire *séparer*, dans leur intérêt, la condamnation des dépens des autres condamnations, prononcées en faveur de leur partie. C'est ainsi qu'ils peuvent toucher *directement* le montant de leurs déboursés et honoraires sur les dépens auxquels le plaideur téméraire a été condamné; et cela, comme s'il existait, entre celui-ci et l'avoué bénéficiaire de la distraction, un *rapport direct de créancier à débiteur*.

Mais ce ne sont là qu'aperçus vagues et incomplets. Ce qu'il nous importe de connaître, c'est la règle juridique, c'est la limite rigoureuse dans laquelle doit être circonscrit l'exercice du droit de distraction. En résumé, le problème qui se pose devant nous est le suivant : Quelle est la nature de la distraction des dépens? Quelle est son étendue? Si nous recherchons dans la doctrine ou dans la jurisprudence la solution de ce problème, nous ne trouvons qu'incertitudes, ambiguités, contradictions et un système, vraiment singulier, consistant à donner, dans chaque espèce, une opinion variable, inspirée par les circonstances du moment. Quant à un principe

---

1. POTHIER, *Contrat du mandat*, n° 135. — ROUSSEAU-LACOMBE, au mot *Procureur ad lites.*

certain et déterminé, servant de *criterium* dans tous les cas, reposant sur des bases fixes et immuables, nous nele trouvons nulle part. De là embarras et confusion, de là une nouvelle source de litiges.

Suivant les uns, la distraction, ou, pour mieux dire, le jugement qui l'ordonne, aurait pour effet de produire une subrogation ; les autres donnent la préférence au transport-cession ; ceux-ci, se séparant entièrement des premiers, repoussent toute idée de transport ou de subrogation, pour ne voir dans la distraction qu'un droit attribuant à l'avoué une créance propre et personnelle ; ceux-là, soutiennent que le jugement contient une condamnation particulière, indépendante des autres condamnations et n'étant pas soumise aux éventualités de l'appel ; quelques-uns considèrent l'avoué comme s'étant fait constituer le mandataire de sa partie, à l'effet de toucher, à la place de celle-ci, le montant de la condamnation aux dépens ; le plus petit nombre enfin estime qu'il y a eu novation.

En présence d'une pareille divergence d'appréciations et de systèmes, le plus souvent contradictoires, comment dégager la vérité ? A quelle doctrine accorder la préférence ? Où trouver un guide sûr pour discerner le mérite des différends que le vague, dans lequel est conçu notre article 133 du code de procédure civile, ne manquera pas de susciter ? Difficulté d'autant plus grande que la plupart des auteurs, imitant la jurisprudence, adoptent alternativement et sans trop y prendre garde, chacune des opinions précédentes. Tantôt ils prétendent que l'avoué a été substitué, subrogé aux droits de son client, ou bien qu'il est devenu cessionnaire de ces mêmes droits ; tantôt ils affirment qu'il a bénéficié d'une créance, dont on prend soin de n'indiquer ni les caractères, ni les effets. Et leur désinvolture à ce sujet est telle, qu'il n'est pas rare de voir, tour à tour, dans un même chapitre ou dans un arrêt, plusieurs de ces systèmes préconisés. Pour ne citer qu'un exemple de cette variabilité d'appréciations, il suffit de se reporter aux savantes leçons de procédure civile de Boitard [1]. A la page 257, cet éminent professeur enseigne que le tribunal, par son jugement, opère un transport forcé, un transport judiciaire de la créance des dépens, tandis qu'à la page 259, il déclare que l'avoué a été subrogé à son client.

Cependant on ne saurait méconnaître l'intérêt de la question proposée, non seulement au point de vue théorique, en ce sens qu'elle se rattache aux principes de notre droit civil, dont elle est une conséquence, mais surtout au point de vue pratique puisque, au palais, son application est d'un usage quotidien.

Il nous a donc paru utile d'examiner avec soin, ce point délicat, de rechercher le caractère juridique de la distraction des dépens, de tenter d'en fixer la portée et d'en déterminer les qualités constitutives et attributives. On ne saurait douter, en effet, que de la façon de l'envisager doivent découler des conséquences dissemblables, conduisant à des résultats très opposés,

---

1. Boitard, *Cours de procédure civile,* revu par Colmet-d'Aage, 7ᵉ édition, tome Iᵉʳ, nᵒ 367.

selon que tel ou tel point de départ aura été accepté, selon que l'un ou l'autre des systèmes, encore en conflit, aura été adopté.

I

Avant d'examiner chacune des opinions le plus généralement accréditées, prenons tout d'abord une espèce. Primus, actionné par Secundus en paiement d'une certaine somme, gagne son procès. Aux termes de l'article 130 du code de procédure civile, Secundus, succombant, sera condamné envers Primus aux dépens de l'instance ; c'est-à-dire qu'il sera tenu de payer non seulement ce qu'il doit personnellement à son avoué, mais encore toutes les *dépenses légales* que son contradicteur a été contraint d'exposer, pour repousser l'action en paiement, injustement engagée. Mais il se trouve que l'avoué de Primus, que nous appellerons Tertius, a posé des conclusions tendant à faire prononcer la condamnation de Secundus aux dépens, desquels, la distraction requise par lui, sera faite à son profit. Faisant droit à cette demande, les juges devront, après affirmation que la plus grande partie des avances ont été faites par l'avoué, ordonner la distraction. Secundus se trouvera, dès ce moment, directement engagé vis-à-vis de Tertius ; et c'est entre les mains de ce dernier, qu'il sera tenu de verser le montant des dépens, au lieu de les verser dans les mains de Primus. Mais quelle sera l'étendue de cet engagement? Quelles en seront les conséquences? Faut-il admettre le système dans lequel on considère le jugement, qui a prononcé la distraction des dépens, comme ayant eu pour effet de subroger l'avoué à son client, de faire passer la créance des dépens sur la tête de Tertius qui, dès lors, se trouvera investi de tous les droits, actions, prérogatives... appartenant à Primus [1].

Selon nous, une subrogation n'a pu se produire ni en droit ni en fait.

Et d'abord, la première remarque à présenter est celle-ci : Le code ne reconnaît que deux genres de subrogation, l'une conventionnelle, l'autre légale. A laquelle donner la préférence? Assurément, il ne saurait, ici, être question de la première, qui doit résulter de la volonté expresse des parties. Par conséquent, nos adversaires ne peuvent se prévaloir que d'une subrogation légale s'opérant, *ipso facto*, de plein droit. La proposition à examiner étant ainsi posée, nous ferons observer que le législateur a pris soin d'énumérer, privativement, toutes les circonstances dans lesquelles la subrogation légale aurait lieu. Il suffira donc de consulter l'article 1251 du code civil, qui détermine tous les cas de subrogation dérivant de la loi, pour s'assurer si notre espèce rentre dans un de ces cas. Or, cet article étant complètement muet au sujet des avances faites par l'avoué, ne faut-il pas en conclure que le jugement déclaratif de distraction, ne saurait avoir pour conséquence de produire une subrogation légale? Soutenir le contraire, c'est se substituer au législateur ; c'est transgresser les limites ri-

---

1. Pothier, *Mandat*, n° 137. Boitard, n° 282. — Boucher-d'Argis, *Distraction — des Dépens*. — Demiau, p. 120; Cass., 6 janvier 1841.

goureuses que la loi a fixées elle-même ; c'est ajouter une disposition à un article essentiellement limitatif, en un mot, c'est prétendre qu'une subrogation légale peut être établie autrement que par une loi.

Quelle est la condition indispensable pour qu'un tiers soit mis aux lieu et place du subrogeant? Il faut, dit l'article 1249 du code civil, qu'il y ait eu paiement effectué par ce tiers subrogé, entre les mains de l'ancien créancier. Toute subrogation implique nécessairement l'idée de payement. Et cela est si manifeste que la rubrique de la section, traitant de la matière, est ainsi conçue : du *payement avec subrogation*. Peu importe que des avances aient été faites par l'avoué de Primus dans l'intérêt de ce dernier! Le seul point à élucider est celui de savoir si ces avances constituent un paiement. Serait-il raisonnable de le soutenir et oserait-on aller jusque-là?

Ici encore pas le moindre doute et, sans insister davantage, nous poursuivons.

Toute subrogation est à la fois extinctive d'une dette et attributive d'une créance. Tel est le principe. Cependant, cette règle se trouverait, dans le système de nos contradicteurs, sans application ; car Primus, en dépit de la subrogation, n'en restera pas moins débiteur de son avoué. Et la preuve se trouve écrite, en toutes lettres, dans l'article 133 du code de procédure civile, suivant lequel : « L'exécutoire sera délivré au nom de l'avoué, *sans préjudice de l'action contre sa partie.* » Que penser après cela, de cette singulière subrogation, dont l'effet serait de faire passer, sur la tête de l'avoué, la créance des dépens, adjugés à Primus, conformément à l'article 130 du code de procédure civile, alors que ce dernier continuera, comme avant cette opération, à être débiteur de ces mêmes dépens envers Tertius? Il y a plus encore : nos adversaires reconnaissent à Primus un droit de créance contre le perdant et estiment qu'il pourra utilement agir contre ce dernier, après la distraction opérée, c'est-à-dire lorsque Tertius aura été subrogé à ce même droit de créance[1]. Mais alors qu'on nous fasse connaître la cause mystérieuse par laquelle Primus a dû de conserver une action sortie de son patrimoine par le fait de la subrogation! Et puisque pareille justification ne peut être faite, il reste acquis à notre thèse que la distraction ordonnée, n'est ni attributive d'une créance, ni extinctive d'une dette ; partant pas de subrogation.

Bien loin de voir le créancier originaire disparaître pour faire place à son subrogé, nous les trouvons tous les deux ayant qualité pour poursuivre le remboursement des frais et dépens. Le lien juridique a survécu à la subrogation alléguée, et c'est en vain que Secundus exciperait du fait de subrogation, pour se soustraire au paiement des frais réclamés par Primus. C'est ce qui explique pourquoi on reconnaît celui qui a obtenu gain de cause habile à se faire délivrer l'exécutoire des dépens[2]. Ce pouvoir accordé au

---

1. Dalloz, J.-G., *Frais et dépens*, n° 123. — Merlin, V. *Distraction des dépens.* — Carré, n° 569. — Cass., 25 mai 1807. — Angers, 20 décembre 1848. — J. av., 74, 195 — Paris, 26 avr. 1872.

2. Mêmes autorités que *suprà*.

gagnant ne saurait, dans le système de nos contradicteurs, être justifié. Pourquoi parler de subrogation, puisque c'est le contraire qui se manifeste? Un droit nouveau a pris naissance, dans l'intérêt de Tertius, mais le droit de Primus ne s'est pas évanoui, et la seule modification qui nous apparaisse, c'est qu'au lieu d'un seul débiteur, l'avoué se trouve en avoir deux. Il n'y a donc pas eu *extinction*, mais plutôt création d'une obligation.

Et d'ailleurs, si une subrogation véritable s'est opérée, Tertius doit se trouver investi de toutes les prérogatives et obligations de son client, dont il a pris les lieu et place. D'où il faut conclure, que Secundus opposera, avec succès, au subrogé les justes motifs de compensation qu'il était en droit d'opposer au subrogeant. N'est-il pas de principe, en effet, que celui qui est aux droits de quelqu'un ne peut avoir plus de latitude que celui aux droits duquel il se trouve placé? *Qui alterius juris utitur, eodem jure uti debet.* Or, cette conclusion, rigoureusement déduite, est repoussée par nos adversaires. De tous côtés, on nous répond qu'aucune cause de compensation ne sera recevable contre l'avoué distractionnaire. Et la même unanimité s'accorde à penser qu'il doit en être pareillement, dans le cas où un créancier de Primus voudrait saisir-arrêter, entre les mains de Secundus, tout ou partie des dépens. Mais pourquoi cette dérogation que rien n'explique ni ne justifie? C'est ce que l'on néglige de nous apprendre. Il est donc faux de soutenir que le jugement, ordonnant la distraction, a pour effet de subroger l'avoué aux droits de son client.

Veut-on une nouvelle preuve de l'erreur dans laquelle sont tombés les partisans de la subrogation?

Quelle sera donc la prescription applicable à la nouvelle créance de l'avoué contre Secundus? L'article 2273 du code civil nous enseigne bien que l'action des avoués, pour le paiement de leurs frais et salaires, se prescrit par deux ans, à compter du jugement, qui met fin au procès. Néanmoins, toute difficulté est loin d'être aplanie; car il ne faut pas perdre de vue que si l'avoué, bénéficiaire de la distraction, a été subrogé aux droits de sa partie, il va se produire une modification importante dans la situation respective des intéressés. Ce ne sera plus l'action, dont parle l'article 2273, qui sera sujette à la prescription biennale, mais bien celle qui compète à Primus et qui résulte du jugement, par lequel Secundus a été condamné, envers ce dernier, aux dépens. Or, la créance de Primus subrogeant est, d'après le droit commun, soumise à la prescription de trente années. D'où la conséquence que l'action de Tertius, résultant de la distraction des dépens, ne se prescrirait que par trente ans, pendant lesquels Secundus resterait exposé aux doubles poursuites de l'avoué et de la partie victorieuse. Un pareil résultat est-il admissible? L'action de Tertius contre Primus se prescrirait par une période de deux années et il ne faudrait pas moins de trente ans pour que Secundus soit libéré. Et c'est, dans les deux cas, la même dette qu'il s'agit d'éteindre, c'est-à-dire celle dont Primus était tenu à l'égard de son avoué! La créance initiale aurait cessé d'exister et le privilège lui survivrait. La loi accorde deux ans à l'avoué pour récupérer ses avances et, à titre gracieux, nos contradicteurs font plus que décupler ce laps de temps.

Ces arguments nous paraissent irréfutables. Cependant quelques auteurs et plusieurs arrêts les repoussent, faisant une distinction entre l'action de l'avoué contre son client et celle qu'il a contre la partie adverse. Dans le premier cas, la créance de Tertius sera, suivant eux, soumise à la prescription biennale ; dans le second, à la prescription trentenaire. Pourquoi cette différence ? Est-elle conforme aux règles régissant la matière ? Quelle est le texte qui l'autorise ? L'article 2273 est ainsi conçu : « L'action des avoués, pour le paiement de leurs frais et salaires, se prescrit par deux ans à compter du jugement des procès .. » La loi ne distingue donc pas entre l'action de Tertius contre Primus et celle de Tertius contre Secundus. Ses dispositions sont générales, elles s'appliquent à toutes les actions des avoués pour le paiement de leurs frais et salaires. Comment expliquer dès lors, la modification introduite par nos adversaires dans une règle universelle ? La distinction faite entre l'action de l'avoué contre son client et celle qu'il a contre la partie adverse est aussi contraire à l'esprit qu'à la lettre de l'article 2273, et mérite d'être combattue avec d'autant plus de force qu'elle aurait pour conséquence de soustraire une créance à la prescription abrégée, garantie par cet article.

Du reste, l'opinion, qui vient d'être présentée, ne laisse pas que de rencontrer dans la jurisprudence un auxiliaire précieux. De nombreuses décisions judiciaires confirment notre sentiment, et notamment un arrêt de la cour de Paris, en date du 20 novembre 1847. Plus récemment encore, le tribunal de Lyon a jugé avec raison que la distraction des dépens n'avait nullement pour effet de soustraire l'action de l'avoué à la prescription de l'article 2273 du code civil[1].

Abordons maintenant le domaine des faits. Supposons que le jugement ayant attribué à Tertius le bénéfice de la distraction ait été rendu en premier ressort. — Cette hypothèse comporte d'autant plus d'intérêt qu'elle vise un cas, que nous avons plusieurs fois rencontré dans la pratique. — Tout le monde sait qu'après la signification d'un jugement, *même susceptible d'appel, et huit jours après sa signification*, Primus aura la faculté, aux termes de l'article 450 du code de procédure civile, d'en poursuivre l'exécution. Si l'on accepte que la créance, résultant de la condamnation aux dépens, a passé, avec tous ses effets, sur la tête de l'avoué distractionnaire, on sera conduit, par voie de conséquence, à reconnaître que Tertius, comme son subrogeant, devra être admis à exercer des poursuites contre Secundus, d'après les conditions de l'article 450 précité. Et de même que Primus, l'avoué n'aura que faire de savoir si la partie condamnée se trouve ou non dans les délais où l'appel est recevable.

Voilà bien exactement les déductions qui découlent du système de nos contradicteurs. La conséquence est-elle vraie ? Nous soutenons qu'elle

1. Tr. Lyon, 20 nov. 1869. Dalloz, 69, 3, 87.

est fausse et que le droit procédant de l'article 450 n'a pas passé aux mains de Tertius. Et la preuve est contenue dans l'article 137 du code de procédure civile, qui dispose formellement : que l'exécution provisoire ne peut être ordonnée pour les dépens. Au surplus, personne ne contestera que les dépens ne soient l'accessoire du principal; ils se trouvent donc rivés au sort de ce dernier, en vertu du principe : *accessorium principale sequitur*. Or, si le jugement, ainsi que nous l'avons supposé, n'est pas définitif ou n'a pas acquis l'autorité de la chose jugée, il est possible qu'il soit infirmé. Il peut se faire également que l'avoué de l'appelant obtienne à son tour la distraction des dépens. Que deviendra, dans ce dernier cas, la subrogation légale, si gratuitement accordé à Tertius par nos adversaires? Le jugement étant mis à néant, ne doit-il pas en résulter rigoureusement que la distraction tombera avec lui?

Ce point admis, il s'en dégage la preuve invincible que l'action dévolue à Tertius contre la partie condamnée, restera, malgré la distraction prononcée, soumise à une condition suspensive, dont l'effet sera d'empêcher toute exécution de la part de l'avoué. Peu importe, du reste, que l'appel ait été interjeté ou non, il suffira que les délais, dans lesquels l'appel est recevable, ne soient pas expirés. Comment en serait-il autrement? En quelle qualité figure dans une instance l'avoué, si ce n'est comme mandataire *ad litem?* Prétendre qu'il a pu être subrogé aux droits de son client, c'est faire disparaître la maxime *res inter alios acta*, et accepter qu'une décision judiciaire a pu intervenir au profit d'un tiers, étranger au procès.

Que disons-nous? Il n'est pas contesté que si l'avoué s'est fait payer par la partie adverse le montant de ses frais, débours et salaires, il ne sera pas tenu de les rembourser en cas d'infirmation du jugement, déclaratif de distraction[1]. Et alors nos adversaires se trouvent placés dans cette alternative : ou bien Tertius n'a obtenu qu'une subrogation *légale conditionnelle* — hérésie juridique que le seul rapprochement de mots suffit à condamner; — ou bien, — dans le cas d'insolvabilité de Primus, — le sort du principal n'a exercé aucune influence sur l'accessoire, puisque Secundus restera sans recours, pour récupérer les dépens, indûment perçus par l'avoué. Propositions insoutenables, devant d'autant moins être accueillies, qu'il s'ensuivrait de leur adoption : que le jugement, prononçant la distraction serait scindé, que son ensemble échapperait, pour partie, à l'appréciation des juges supérieurs et que le plaideur, condamné aux dépens, aurait à supporter une double condamnation!

Cette argumentation nous paraît décisive. Il serait cependant facile d'ajouter aux preuves déjà fournies. Par exemple, tout le monde tombe d'accord sur le droit incontestable laissé aux parties litigantes de transiger, en tout état de cause. Admettez, pour un instant, que, sur l'appel, une

---

1. Boitard, 1, p. 259. — Pothier, *Mandat*, n° 136. — Merlin, *loc. cit.* — Favaud, v° *Jug.*, sect. 1, § 2, n° 18. — Poncet, *Jug.*, 1, n° 293. — Pigeau, *Comm.*, p. 318. — Boncenne, p. 572. — Rodière, p. 393. — Chauveau et Carré, *Q.*, 570 *ter.* — Rivoire, v° *Dépens*, n° 13. — Bioche, *Dépens*, n° 244. — Cass., 16 mars 1807.

transaction soit intervenue entre Primus et Secundus, par laquelle il sera convenu que les contractants mettent fin à toute contestation, à charge par chacun d'eux de payer les frais respectivement exposés. Quel sera le sort de la subrogation, que l'on nous disait être née du jugement, ordonnant la distraction? Elle sera caduque, et Tertius n'aura de recours que contre son client[1]. Le même raisonnement serait applicable dans le cas où les plaideurs, voulant se soustraire aux éventualités de l'appel, consentiraient à s'en référer à la décision des arbitres et à terminer leur contestation par un compromis. Et de nouveau surgit contre nos adversaires cette anomalie : *subrogation légale conditionnelle.*

Poursuivons notre hypothèse première et nous allons voir à quelles contradictions choquantes aboutit le système de la subrogation. Tertius, substitué aux droits de son client, procède donc à des voies d'exécution, conformément à l'article 450 du code de procédure civile, sans attendre que les délais pour interjeter appel soient expirés. En vertu de l'exécutoire délivré en son nom, une saisie immobilière est pratiquée sur la tête de Secundus, condamné aux dépens. Toute la procédure en expropriation est régulièrement suivie et l'on arrive jusqu'à la lecture du cahier des charges. Se ravisant, Secundus intervient alors et forme appel contre le jugement, rendu au profit de son adversaire. Que va-t-il se passer? Les poursuites subiront-elles un simple temps d'arrêt, pour être reprises, si une confirmation du premier jugement intervient, pour être abandonnées, si cette décision vient à être infirmée ou annulée? Et devant le moyen de nullité proposé par Secundus, conformément à l'article 728 du code de procédure civile, contre la procédure, qui a précédé la publication du cahier des charges, l'avoué soutiendra-t-il utilement qu'il a pu exercer l'action que son subrogeant tenait de l'article 450 du code de procédure civile? Sans nous attribuer le facile avantage d'une longue réfutation, il suffira de dire que par les raisons précédemment déduites non seulement toute la procédure engagée par Tertius, pendant le temps où l'appel était recevable, sera entachée d'un vice entraînant la nullité radicale des poursuites faites, mais qu'il sera loisible à Secundus de réclamer la condamnation de l'avoué en des dommages-intérêts[2].

Supposons maintenant que le jugement, dont est appel, soit annulé, ou bien que l'arrêt, mettant la première décision au néant, donne complet gain de cause à Secundus. Supposons aussi que ce dernier, pour se soustraire aux fâcheuses conséquences de l'expropriation, ait payé le montant de l'exécutoire des dépens. Il est bien certain que l'arrêt de la cour d'appel ne peut pas être entre ses mains une lettre morte, dépourvue de sanction. Il aura donc à exercer une action en répétition de la somme, indûment versée par lui. Mais contre qui va-t-il se retourner? S'il s'adresse à Primus, celui-ci fera cette réponse, inspirée par la doctrine de nos contradicteurs : « Je suis

---

1. Bioche, *Dépens*, § 4, n° 241. — Dalloz, *Frais et dépens*, 143, 3°. — Lyon, 2 juin 1841.
2. *Code de procédure*, 157. — Boncenne, 2, 572. — Thomines, 1, p. 257. — Dalloz, *Frais et dépens*, n° 142. — Req., 12 avril 1820.

et veux rester entièrement étranger à ce qui s'est passé entre vous et mon avoué, qui n'a pas eu besoin de mes ordres pour agir comme il l'a fait. Le jugement prononçant la distraction, en subrogeant Tertius à mes droits et actions, m'a complètement mis hors de cause. Si vous avez payé le montant de l'exécutoire, adressez-vous à celui qui a reçu cette somme. » Il se verra également éconduit par Tertius qui lui opposera les motifs suivants : « Vous êtes sans qualité pour exercer à mon encontre la *condictio indebiti*, puisque je n'ai perçu d'autres deniers que ceux qui m'étaient légitimement dus. A partir du moment où j'ai été désintéressé, je n'ai plus à m'immiscer dans vos querelles. J'ai représenté Primus comme simple *procurator ad litem*, c'est vous dire que si vous avez des réclamations à faire valoir, c'est à votre colitigant qu'il convient de vous adresser. » Et nos adversaires d'applaudir à ce langage, dont ils reconnaissent la rectitude[1], sans s'apercevoir qu'il est en opposition absolue avec leur théorie de subrogation, et sans être autrement choqués des contradictions que nous avons relevées au cours de cette discussion. Qu'on ne vienne donc plus soutenir que Tertius a été subrogé à son client, si, d'un autre côté, on ne veut pas admettre les conséquences logiques de la subrogation ! Car nous posons le dilemme suivant, qui ne laisse pas de milieu : Ou bien l'avoué devra rembourser les sommes indûment perçues, si un arrêt annule le jugement générateur du droit de subrogation ; ou bien, si l'action en répétition ne peut être exercée contre lui, c'est que la protection, que la loi accorde à cet officier ministériel, n'a pas pour effet de le subroger aux droits de sa partie.

Est-ce à dire que, dans aucun cas, l'avoué distractionnaire ne pourra bénéficier d'une subrogation ? Nous n'irons pas jusque-là. Nous connaissons une espèce, mais une seule, où l'affinité que l'on voudrait universaliser, se trouve en quelque sorte justifiée. Exemple : Un avoué ayant occupé dans l'intérêt d'une personne, jouissant d'une hypothèque légale, il a été déclaré que les dépens, distraits à son profit, jouiront de la même hypothèque. Il est hors de doute que, dans cette hypothèse, l'avoué acquerra un démembrement de la créance hypothécaire de sa partie. Mais, même dans cette espèce, une subrogation véritable n'a pas été produite par la distraction. Qui ne voit, en effet, que la créance de Tertius aura à subir toutes les vicissitudes de l'appel ? que la réformation du premier jugement entraînera l'extinction du droit de distraction ? que les plaideurs continueront à posséder exclusivement le pouvoir de transiger, de compromettre au sujet du principal et des dépens ? Enfin, que l'avoué sera dépourvu de titre pour exercer les poursuites autorisées par l'article 450 du code de procédure civile ?

En résumé sur ce point, l'assimilation complète que l'on prétend établir entre deux opérations, très distinctes par leur nature et leurs conséquences, doit être énergiquement répudiée, comme contraire à toutes les règles ju-

---

1. Voyez les autorités précédemment citées. — *Adde*. — Orléans, 16 mai 1849, D., 49, 2, 191.

ridiques. Quelque nombreuses que soient les analogies existant entre les effets produits par la distraction des dépens et ceux qui sont attachés à la subrogation, elles ne doivent pas faire oublier le danger que présente toute extension non justifiée donnée à un article de loi.

II

Le jugement, qui ordonne la distraction, a-t-il pour résultat d'opérer une cession, un transport de créance? Et d'abord, les rapports de créancier à débiteur, sanctionnés par le jugement condamnant Secundus aux dépens envers Primus, conformément à l'article 130 du code de procédure, ont-ils été anéantis?

Une relation nouvelle, par laquelle la créance de Primus passerait à Tertius avec tous ses accessoires, ses facultés actives et passives, s'est-elle réellement établie?

Nous nous séparons complètement de cette opinion pour nous rallier à la négative. Toutefois, nous ne nous faisons aucune illusion sur la hardiesse de notre entreprise et les difficultés de notre tâche. Nous nous élevons, en effet, contre une doctrine, qui compte parmi ses défendeurs des autorités aussi imposantes que nombreuses.

Avant toute chose, il est bon d'observer que la discussion à laquelle nous allons nous livrer, aurait pu aller de pair avec la précédente, puisque la plupart des arguments, déjà exposés, entrerait tout naturellément dans le cadre de la démonstration qui va suivre. Il semblait donc, afin d'éviter les redites et les longueurs d'une double réfutation, rationnel de traiter simultanément ces deux sujets. La méthode contraire nous a paru préférable, désireux d'éviter ainsi la confusion d'idées et de choses, reprochée à juste titre au plus grand nombre des auteurs. Selon nous, l'erreur, contre laquelle est dirigé tout ce travail, vient uniquement de ce que ces derniers, touchés par les nombreux points de contact et de ressemblance existant entre la cession et la subrogation, se sont uniquement préoccupés du résultat final, engendré par la distraction des dépens. Apercevant une substitution, un remplacement d'une personne par une autre personne produits par la clause du jugement, prononçant la distraction, et voulant donner à ce fait une dénomination différant de celle de l'article 133 du code de procédure civile, ils ont indistinctement employé les mots de *cession* ou de *subrogation*, pour indiquer la nature du droit conféré à l'avoué. Pourtant on ne saurait, en droit, être trop circonspect sur l'usage des mots, qui doivent toujours être employés avec leur acceptation propre. Car il n'est pas sans importance de savoir si un tiers est cessionnaire ou subrogé. Sans doute, on constate bien, dans les deux cas, la mise d'une personne à la place d'une autre, mais ce serait s'exposer à une grave méprise que de confondre ces deux opérations. Ne pas tenir compte des caractères qui appartiennent à chacune d'elles, ce serait déchirer du code une série de dispositions édictées par le législateur et dire que les subrogations sont des transports et *vice versa*. Une fois engagé dans cette voie, pourquoi s'en tenir uniquement à la cession ou à la subrogation ? Pourquoi, avec autant de raison, ne pas affirmer qu'il y a eu vente, donation..., que Primus a donné ou vendu le droit qu'il tenait de l'article 130 du code de procédure civile ? De même que l'on considère la distraction des dépens comme équivalant à une cession acceptée par l'avoué ; de même on pourrait soutenir aussi raisonnablement qu'elle équivaut à une vente, à une donation... de la créance de Primus contre Secundus. Dans ces deux alternatives, le donataire prend la place du donateur, l'acheteur celle du vendeur. Et véritablement, nous en sommes à rechercher les motifs de préférence, attribués au transport ou à la subrogation, si l'on n'a pas de meilleures raisons à nous opposer que celles résultant de la mise d'une personne à la place d'une autre.

Peut-être nous objectera-t-on qu'il n'y a dans tout ceci qu'une querelle de mots dépourvue d'intérêt ; qu'il est de peu d'importance de savoir si l'avoué bénéficie d'un transport ou d'une subrogation, puisque, dans l'un ou l'autre cas, son droit n'est pas sensiblement modifié. Tel n'est pas notre avis ; car il n'est pas de petite question lorsqu'il s'agit d'un faux principe à combattre. Tout nous porte, du reste, à penser qu'il faut attribuer l'obscurité, qui règne dans les commentaires sur l'article 133 du code de procédure civile, à la facilité trop prompte à accepter des locutions impropres et à confondre, sous une même appellation, des choses diverses, au lieu de conserver à chaque terme sa signification vraie, son acception juridique, qui le distingue des autres.

Nous ne voulons pas reproduire ici les arguments irrésistibles par lesquels l'illustre jurisconsulte M. Demolombe [1] a fait justice de cette théorie, soutenue jusqu'à nos jours par des auteurs estimés, dont les conclusions tendent à repousser toute différence entre le transport et la subrogation. Il suffira d'indiquer combien sont différentes les règles régissant ces deux matières, puisque le législateur a pris soin de les séparer lui-même, en les traitant dans deux chapitres distincts. Tandis que le transport-cession est un contrat commutatif, dans lequel chacune des parties se propose un bénéfice à réaliser ; la subrogation, au contraire, est inspirée par un sentiment de bienfaisance, exclusif de toute idée de spéculation, par lequel la partie, qui vient au secours d'un débiteur, se préoccupe uniquement de garantir la somme versée pour la libération de celui-ci.

Après avoir constaté que par des causes multiples une personne peut être mise aux droits d'une autre personne, sans que cette circonstance permette de ne pas avoir égard à la nature du droit transmis, lequel variera à l'infini, suivant que la transmission aura été causée par une vente, une donation, un legs, une subrogation...; reprenons notre hypothèse première.

Ces développements devaient précéder le second point de notre démonstration, qui consistera à rechercher si Tertius, par la distraction des dépens,

---

1. Demolombe, *Traité des contrats ou des obligations conventionnelles en général*, t. 4, n° 323.

est devenu cessionnaire de la créance de Primus contre Secundus. Dès ce moment nous pouvons rejeter du débat le *transport conventionnel ou volontaire*. Ceci n'est pas contesté. Nous n'avons, par conséquent, qu'à nous demander s'il peut être judiciaire, si le tribunal, par son jugement, opère un transport forcé de la créance des dépens, qui ne réside que pour un instant de raison sur la tête de Primus et va immédiatement se poser sur la tête de Tertius[1].

Quant à nous, nous n'hésitons pas à nous déclarer contre ce système comme étant contraire aux termes de la loi, à son esprit et au but que s'est proposé le législateur, en organisant la distraction des dépens.

En effet, quel est le texte où il est fait mention d'une cession, d'un transport forcé, s'opérant *ipso facto*, par la seule puissance de la loi ? Nos plus minutieuses recherches restent sur ce point infructueuses. Cependant, il est utile d'en faire la remarque, nous sommes en présence d'une exception, d'une dérogation aux principes généraux ; et, pour accepter la théorie de nos contradicteurs, ce n'est pas montrer trop d'exigence que de réclamer autre chose que leur affirmation : *Non transeunt actiones, nisi in casibus juris expressis*. S'il s'est produit un transport forcé, qu'on nous oppose le texte en vertu duquel ce droit a passé aux mains de Tertius. Dans le cas présent, la production de ce titre est, seule, décisive, quelque considérables que soient d'ailleurs les autorités, dont on peut se prévaloir contre nous. Or, on ne saurait invoquer que l'article 133 du code de procédure civile, et l'on a beau torturer le sens de cet article, il est impossible de lui faire exprimer ce qu'il ne contient pas. Jamais il n'en sortira quelque chose qui, de près ou de loin, puisse autoriser pareille interprétation. Il faut donc recourir à des considérations morales, tirées de l'intérêt qu'il y a de protéger l'avoué. Assurément, la situation de cet officier ministériel est très intéressante et mérite faveur ; assurément, il est équitable de le garantir contre la mauvaise foi de son débiteur et de lui assurer, dans la mesure du possible, le remboursement des frais qu'il a exposés pour assurer le triomphe de la cause de son client ! Pourtant, il faut bien le reconnaître, ce ne sont pas de pareils arguments qui peuvent entraîner notre conviction. Nous discutons droit et non philosophie, nous demandons des raisons juridiques et non des appréciations sentimentales. Il faut interpréter la loi et non la faire ; accepter un texte, tel qu'il se comporte, et non y introduire, entre les lignes, une disposition, équitable si l'on veut, mais qui ne s'y trouve pas.

L'article 133 du code de procédure civile a pour objet de venir au secours de l'avoué, de l'intéresser, en lui procurant des garanties, à la cause des nécessiteux ; mais pourquoi augmenter cette faveur, jugée suffisante par le législateur ? Pourquoi faire revêtir à cet article un caractère qui n'est pas le sien ? Car il suffit d'en rappeler les termes pour réduire à leur juste mérite les prétentions de nos adversaires. Que dit-il, en effet ? « Les avoués

1. POTHIER, *Mandat*, n° 135. — PIGEAU, *Jug.*, 619. — BIOCHE, *Dépens*, n° 201. — CARRÉ, Q., 574, p. 674. — BONCENNE, t. II, p. 558. — BONNIER, t. I, n° 735. — BOITARD, n° 281. DALLOZ, *Frais et dépens*, J. G., 121. — Amiens, 5 mai 1820. Limoges, 27 août 1823.

pourront demander la distraction des dépens à leur profit....» En quoi cette disposition justifie-t-elle le transport, dont on prétend tirer argument? Au point de vue grammatical : distraire, séparer une chose d'un tout au profit de quelqu'un n'a jamais voulu dire transporter, céder cette chose dans le sens de l'article 1689 du code civil. Poser la question, c'est la résoudre. Comment expliquer l'erreur que nous signalons? Elle prend sa source dans la tradition, et l'histoire seule peut nous fournir des éclaircissements à ce sujet.

D'après Pothier, en effet, la distraction est un transport de la créance, acquise par le gagnant contre la partie condamnée, transport dans lequel le juge supplée le consentement du client. « Le procureur, nous enseigne cet auteur, est, par le jugement même et dès l'instant qu'il est rendu, saisi de la créance qui résulte de la condamnation des dépens contre la partie condamnée; car la partie condamnée, qui en est débitrice, étant partie dans le jugement qui contient et la condamnation et la distraction, cela équipolle de sa part à une acceptation de transport de la créance des dépens [1]. » Cette théorie, que nos modernes commentateurs ont embrassée avec empressement, sur la foi de Pothier, pouvait, avant la codification de nos lois, sous certaines réserves, être parfaitement justifiée. Mais, à moins de se permettre un dangereux anachronisme, il ne s'agit pas de suivre cette méthode facile, consistant à rééditer des opinions surannées. Nous devons raisonner d'après le code de procédure, promulgué en 1806, et aussi d'après les règles de notre loi civile. Or, c'est précisément le grief que nous relevons à l'encontre de nos contradicteurs qui, négligeant les graves modifications introduites dans notre législation, ont, à peu de chose près, reproduit la théorie du transport-cession des parlements. « Il existe si bien, nous dit-on, un véritable transport que le perdant, débiteur, est valablement libéré en payant l'avoué et que le gagnant n'a plus aucune action contre lui [2]. » On argumente encore de ce que l'avoué n'est pas tenu à restitution dans le cas où il s'est fait payer, par la partie condamnée, les dépens dont la distraction a été ordonnée à son profit par un jugement ou arrêt, alors même que ce jugement ou arrêt serait ultérieurement cassé.

Ces objections ne nous touchent pas; elles sont complètement à côté du sujet de la discussion. Que prouve, en effet, la libération du perdant ayant désintéressé l'avoué de Primus? Que prouve encore l'absence de recours contre l'avoué, qui a reçu le montant des dépens? On ne peut tirer d'autre induction de ces faits qu'un témoignage de l'intérêt, accordé par les tribunaux aux avoués, afin de garantir à ces derniers le remboursement de leurs avances. Pourquoi ne pas dire : la distraction est une vente de la créance acquise par le gagnant contre la partie condamnée, et il existe si bien une véritable vente, que le perdant, débiteur, est valablement libéré, en payant à l'avoué le montant de l'exécution des dépens; l'avoué se trouve saisi de

1. Pothier, *loc. supra cit.*

2. Dalloz, J. G., n° 121. — *Contrà*, Rejet 13 juin 1837. — Chauveau, t. VII, p. 215. — Rivoire, v° *Dépens*, n° 11. — N. Carré, p. 190.

la créance, résultant de la condamnation aux dépens, parce que le juge, par la volonté de la loi, l'a reconnu créancier des frais, aux lieu et place de son client; or les deux plaideurs se trouvant présents à l'audience, le juge a pu suppléer le consentement indispensable à la formation du contrat de vente, consentement qui ne pouvait honnêtement ni raisonnablement être refusé. Ces raisonnements ne portent donc pas et nous allons démontrer combien le droit, que l'avoué puise dans le jugement, prononçant la distraction, diffère de celui qui lui serait attribué, s'il était devenu cessionnaire de la créance de son client, combien aussi nos lois se sont séparées de l'ancienne jurisprudence, première origine du principe de la distraction.

Ramenant le débat à son point de départ, que nous oppose-t-on? — Des textes? — Pas le moins du monde; on nous oppose des raisonnements! Mais que restera-t-il à ceux qui les font, si leur argumentation se trouve combattue et démentie par une argumentation contraire? Et quelle conclusion faudra-t-il tirer, si les conséquences nécessaires, qui découlent de la thèse présentée par nos adversaires, sont fausses ou inacceptables, sinon que cette doctrine est erronée et inadmissible? Ainsi, nous voulons bien accepter, pour un instant, qu'un transport s'est effectué par le jugement ordonnant la distraction. En retour, on ne nous refusera pas d'admettre que les règles de la cession seront applicables à notre espèce; car, nous ne pensons pas qu'après avoir avancé que la distraction des dépens produisait une cession de créance, on veuille ensuite soustraire cette dernière aux principes régissant la matière. La question posée dans ces termes, nos contradicteurs seront bien conduits à confesser que, dès l'instant où la cession sera parfaite, c'est-à-dire à partir du prononcé du jugement, la créance de Primus se détachera de la personne du cédant pour exister en la personne de Tertius, cessionnaire contre Secundus, cédé. Reste à savoir si ces modifications, inséparables de tout transport, s'effectueront réellement. Si elles font défaut, il sera démontré que le transport n'a pas eu lieu. Or, le texte de l'article 133 du code de procédure civile est formel sur ce point : « La taxe, dit-il, sera poursuivie et l'exécutoire délivré au nom de l'avoué, *sans préjudice de l'action contre sa partie.* » D'où la conséquence, que le lien de droit, existant entre Primus et Tertius, n'aura pas été rompu[1] et que ce dernier, malgré la prétendue cession opérée, sera libre d'exercer, à son choix, des poursuites contre son client ou contre la partie adverse[2].

Ce raisonnement nous semble sans réplique. Cependant, voici bien d'autres raisons qui établissent péremptoirement la non existence du transport-cession par le fait du jugement prononçant la distraction des dépens. Leur développement nous conduirait trop loin, une rapide analyse nous paraît suffisante. Rappelons, pour mémoire, que Primus continuera à être débiteur de son avoué et créancier de la partie condamnée; qu'il a le droit

---

1. Chambre civile, L. 13 juin 1837.

2. Chauveau, *Q.* 569. — Rousseau et Laisney, *Dict. de proc,*, t. III; v° *Dépens,* n° 124. Rennes, 28 mars 1851.

de lever l'exécutoire en son nom[1]; que les motifs de compensation, qui lui étaient opposables, ne seront pas recevables à l'égard de Tertius, cessionnaire[2]; que la distraction des dépens, prononcée au profit de l'avoué de la partie gagnante n'enlève pas à celle-ci le droit d'en poursuivre personnellement le recouvrement[3]; qu'une saisie-arrêt, jetée sur les sommes, dont l'avoué se trouverait reliquataire envers son client, serait valable[4]; que les parties au procès restent maîtresses de la direction du litige; qu'elles seront habiles en tout état de cause — le cas de fraude réservé — de transiger ou de compromettre touchant le principal et les dépens; que leur convention pourra intervenir en dehors de toute participation de l'avoué, et cela sans que cette convention, ayant toute la force de la chose jugée, soit attaquable. Après cela, n'est-ce pas le cas de se demander quel est donc ce capricieux et bizarre transport, qui n'emprunte à la cession de notre droit civil que sa dénomination, pour se dérober ensuite aux règles les plus élémentaires et les plus précises, qui la régissent.

D'ailleurs, si Tertius était devenu réellement cessionnaire de la créance de son client, il aurait, par cela même, le droit incontestable d'intervenir dans l'instance d'appel, pour y défendre un intérêt non représenté. L'arrêt prononcé en son absence, et sans qu'il eût été intimé sur l'appel, serait à son égard *res inter alios acta*. Il aurait, ouverte devant lui, la voie de la tierce opposition. Or, il est universellement proclamé que son intervention devra être repoussée[5]. Dès lors nous laissons à nos contradicteurs le soin de conclure!

Enfin, supposons que l'intimé en appel se désiste de son action. Que va devenir le transport-cession attribué à l'avoué? Tertius conservera-t-il son droit de créance contre le perdant? Et Secundus, après la signification à lui faite du désistement d'action et après avoir accepté ce désistement, par acte extra-judiciaire, continuera-t-il à être débiteur du montant des dépens que la distraction avait mis à sa charge? Dans le système du transport-cession, la logique conduit à déclarer que le désistement d'action de Primus ne saurait altérer le droit de créance acquis par Tertius contre Secundus, en vertu du jugement ordonnant la distraction. Mais alors la difficulté sera de concilier cette appréciation avec les termes de l'article 403 du code de procédure civile, qui tranche très nettement cette question dans un sens diamétralement opposé. « Le désistement, énonce cet article, lorsqu'il aura été accepté, emportera, de plein droit, consentement que les choses seront remises de part et d'autre dans le même état qu'elles étaient avant la demande. » La précision de ce texte nous dispense de tout commentaire.

---

1. Chauveau, *Q.* 569. — Cass., 13 juin 1837.

2. Merlin, *Rép.*, vᵒ *Distrac. des dép.*; — Carré et Chauveau, *Q.* 568. — Thomines, p. 151. — Berriat, t. I, p. 72. — Rousseau et Laisney, *Dict.*, t. III, p. 12, nᵒ 120. — Pigeau, t. I, p. 545. — Favard, t. I, p. 357. — Rodière, p. 398. — Cass., 11 déc. 1834.

3. Dalloz, *loc. cit*, — Rousseau et Laisney, nᵒ 123, — Cass., 25 mai 1807.

4. *J. av,*, t. LXXIII, p. 156.

5. Rej. 6 janv. 1841.

Il n'est pas besoin d'ajouter que le désistement d'action implique reconnaissance de la témérité de l'action primitivement engagée; que le droit réclamé est considéré comme n'ayant jamais existé; qu'il disparaît et s'anéantit avec l'instance à laquelle il a donné naissance.

Indiquons, en terminant, un argument tiré de nos lois fiscales. L'article 69, § 3, de la loi du 22 frimaire an VII frappe la cession de créance d'un droit proportionnel de un pour cent. Ce droit réduit, un instant, à cinquante centimes pour cent par l'article 9 de la loi du 7 août 1850, a été rétabli ensuite par l'article 15 de la loi du 6 mai 1855. Il est inutile de faire ressortir avec quelle louable vigilance, l'administration de l'enregistrement surveille les intérêts du trésor et combien elle se montre soucieuse d'atteindre tous actes, pouvant donner ouverture à un droit de perception. On peut donc être assuré de voir s'élever les réclamations du fisc, s'il est démontré que « le tribunal, par son jugement, opère un transport forcé, un transport judiciaire de la créance des dépens, qui ne réside sur la tête de Primus que pour un instant de raison et va se poser, se concentrer sur la tête de l'avoué[1] ». Or, il n'est perçu, à l'occasion de la distraction des dépens, aucun droit fixe ou proportionnel, bien que l'article 68, § 1, n° 51, de la loi du 22 frimaire an VII soit conçu dans des termes susceptibles de la plus large extension et pouvant atteindre « toute transmission de propriété, d'usufruit et de jouissance de biens meubles et immeubles » (art. 4 de la loi du 22 frimaire an VII). D'où il ressort, d'un côté, qu'il n'y a pas de transport-cession; de l'autre, que c'est avec raison que l'enregistrement considère la distraction, comme ayant pour effet de rendre l'avoué *créancier personnel* du montant des dépens envers la partie adverse[2].

Par tous ces motifs, on doit donc rejeter la théorie du transport-cession. Non seulement elle ne possède aucun fondement juridique, mais encore elle va contre le but que s'est proposé le législateur. L'article 133 a été inspiré par la nécessité, qui s'impose, de venir au secours de l'avoué en lui procurant les moyens de récupérer ses avances. Ce but se trouve-t-il atteint dans le système de nos contradicteurs? C'est bien ce que prétendent ces derniers, tandis qu'ils marchent vers un résultat diamétralement opposé. Ne voit-on pas, en effet, que la situation de l'avoué deviendrait inférieure à celle du créancier de droit commun, puisque, par le fait de la cession, l'avoué distractionnaire serait tenu de suivre toutes les instances dans lesquelles son droit se trouverait engagé ? Alors mieux vaudrait pour lui s'en tenir à la protection accordée à tout créancier en vertu de l'article 1166 du code civil, que de réclamer le bénéfice de l'article 133, qui ne saurait être que dangereux ou inutile.

III

Passons à la troisième opinion, qui, se séparant totalement des deux précédentes, n'accorde à l'avoué distractionnaire ni le bénéfice d'une subro-

---

1. BOITARD, t. I, n° 367.
2. GARNIER, *Rép. de l'enregistrement*, t. II, n° 6201.

gation, ni celui d'un transport-cession. Dans ce système, la distraction des dépens équivaudrait à « un droit créé au profit de l'avoué, en vertu duquel la condamnation aux dépens devient pour lui une *créance propre et personnelle*[1] ». Cette théorie aurait l'avantage considérable sur les deux premières, de ne pas se heurter à des prescriptions législatives et de s'inspirer des préoccupations qui ont présidé à la rédaction de notre article 133. Malheureusement elle n'est ni exacte, ni complète et ne permet pas de se faire une idée claire et précise de la chose définie. Elle n'est pas exacte, puisque la créance attribuée à l'avoué contre le perdant ne sort pas du patrimoine de Primus, lequel peut, ainsi que nous l'avons dit, exercer des poursuites utiles contre Secundus. Par conséquent, la créance des dépens n'est pas une créance propre et personnelle à l'avoué ; elle n'est pas complète : puisqu'elle ne détermine pas la nature du droit conféré à l'avoué et l'étendue de l'action qui lui est dévolue. Assurément, Tertius acquerra, par le fait de la distraction, une créance *propre et personnelle*, si l'on entend par ces mots qu'il aura qualité à soutenir que Secundus est lié à lui par un contrat judiciaire. Mais tout mandataire ou gérant d'affaires obtient également une action *propre et personnelle*, *mandati aut negotiorum gestorum*. C'est donc à une assimilation complète, entre la situation de Tertius et celle du mandataire ou gérant d'affaires, que l'on arrive. Que devient alors cette protection, promise par la loi à l'avoué, par laquelle les intérêts de celui-ci devaient être sûrement sauvegardés ? Cette action propre et personnelle, dont on nous parle, n'est autre que celle du mandataire ordinaire. Dans ce cas, l'avoué distractionnaire restera confondu dans la masse des créanciers chirographaires, il n'aura pour recouvrer les droits de timbre, d'enregistrement, de greffe, qu'il a été dans l'obligation d'avancer, qu'une action purement personnelle dont l'exercice appartiendra également à son client.

Il est évident que telle n'a pas été la pensée de nos contradicteurs ; sans cela l'article 133 ne serait, dans l'ensemble de nos lois, qu'une superfétation. S'il ne s'agit, en effet, que de donner à l'avoué une action contre le perdant, il n'aura qu'à se prévaloir des dispositions de l'article 1166 du code civil, aux termes duquel le créancier a le pouvoir d'exercer les droits et actions de son débiteur. Or, c'est précisément pour soustraire Tertius aux dangers que présenterait pour lui l'exercice du droit tiré de l'article 1166 qu'a été créée la distraction des dépens. On comprendra, en effet, que si Tertius n'agissait contre le perdant, qu'en sa qualité de créancier, ou d'ayant cause de Secundus, il se verrait opposer avec succès toutes les exceptions, défenses, compensations que Secundus ou des tiers étaient en droit de faire valoir à l'encontre de Primus. De même, les créanciers de ce dernier, après la condamnation et avant les poursuites de l'avoué, seraient habiles à saisir-arrêter entre les mains du perdant le montant des dépens, de telle sorte que Tertius serait réduit à partager avec les autres créan-

---

1. CHAUVEAU, *Comment. du Tarif*, p. 1149. — BOUCHER D'ARGIS, *Q.* 126. — GLANDAZ. — Paris, 2 août 1869. — Id., 15 déc. 1855. — Montpellier, 11 mai 1869. — Besançon, 23 fév. 1872.

ciers de son client, au marc le franc, les sommes, qui lui avaient été garanties par le jugement déclaratif de distraction. Apparemment, ces mots créance propre et personnelle doivent être interprétés dans ce sens, que la condamnation des dépens attribue à l'avoué le droit exclusif de se faire payer le montant des frais. Mais, nous l'avons déjà vu, cette proposition est encore inexacte, car Primus conserve, malgré le jugement prononçant la distraction, son titre de créancier et les prérogatives qui y sont attachées[1].

Dans ces conditions, la théorie, qui vient d'être exposée, n'entre pas dans les vues du législateur. La distraction des dépens a été inscrite dans notre code, nous ne saurions trop le répéter, afin de venir au secours du plaideur malheureux, qui trouvera auprès de l'officier ministériel, chargé de préparer sa défense, non seulement d'utiles conseils, mais encore les sommes nécessaires à la marche de la procédure. Pour atteindre ce résultat, il a fallu assurer à l'avoué une situation toute différente de celle du créancier ordinaire, le soustraire aux périls qu'il aurait courus de n'être pas remboursé de ses frais et honoraires, le mettre à l'abri de toutes les exceptions, défenses, compensations que la partie condamnée pouvait opposer à son adversaire. Voilà les conséquences que l'article 133 a pour mission de sauvegarder; et lorsqu'il dit que « les avoués peuvent demander la distraction des dépens à leur profit... » quelle signification faut-il attribuer à ce langage, sinon que la condamnation des dépens sera distraite, séparée des autres condamnations, par le jugement qui prononcera la distraction? Le montant des dépens sera, en quelque sorte, immobilisé, dans l'intérêt de Tertius, entre les mains du perdant. Sans doute, ce droit de créance, donné à l'avoué, sera sujet à des modalités : comme le jugement dont il émane, il pourra être annulé. Dans ce dernier cas, l'avoué n'aura d'action que contre son client. Quant à celui-ci, le pouvoir qu'il tient de l'article 130 sera éteint à partir du moment où Tertius aura fait signifier à Secundus l'exécutoire des dépens. Ce n'est qu'en désintéressant l'avoué que le perdant sera valablement libéré.

Ces explications, parfaitement conformes au texte de l'article 133, font connaître quelle est, après la distraction des dépens, la position exacte de l'avoué. Mais lorsqu'on vient nous parler d'une créance propre et personnelle, cela apprend-il que l'exercice de l'action, dévolue à l'avoué, ne commencera qu'à partir de l'instant où le jugement sera devenu définitif? On ne nous indique pas davantage, que si le jugement, prononçant la distraction, vient à être infirmé, la disposition concernant les dépens, sera caduque et tombera avec l'ensemble du jugement. Or, ces points sont d'une importance qu'il est inutile de mettre en relief. Pour échapper aux justes critiques, qui viennent d'être formulées, il était donc indispensable de s'expliquer sur la portée d'un droit, qui, mal défini, peut servir de prétexte aux contestations les plus regrettables.

Sous le bénéfice de ces observations, nous joignons nos efforts à ceux

---

1. Cass., 25 mai 1807. — Angers, 20 déc. 1848. — Paris, 26 avril 1872; D., '73, 2, 97.

qui sont fournis par les partisans de ce système pour repousser toute idée de transport *réel* ou *fictif* des droits du client à son avoué. Comme eux, et avec la cour de cassation, nous affirmons que Tertius n'a pu devenir cessionnaire de la créance de Primus, par ce motif que ce dernier continue à être débiteur de son avoué et créancier de Secundus ; que si l'action dirigée contre le perdant ne réussit pas, ou même mieux encore, si Tertius préfère se faire payer par son client, celui-ci reste, dans l'un et l'autre cas, exposé à des poursuites.

IV

Il nous reste à réfuter l'opinion consistant à représenter la distraction des dépens comme étant *une condamnation particulière, indépendante du jugement qui la prononce*[1]. Dans ce système, aujourd'hui presque universellement abandonné, on raisonne de la manière suivante : « L'avoué n'est, dans l'instance, qu'un mandataire, étranger au procès. N'étant pas partie dans l'instance, la décision qui intervient, pour régler le différend, ne peut s'étendre jusqu'à lui. Cependant, Tertius obtient contre Secundus une action. Il a donc fallu une disposition particulière, rendue en dehors du jugement, et se détachant de son ensemble pour que la distraction, prononcée au profit de l'avoué, ait pu produire comme résultat de rendre ce dernier créancier du perdant. Par conséquent, le bénéfice accordé à l'avoué, doit rester à l'abri de l'appel et lui est acquis d'une façon définitive. »

Cette argumentation spécieuse ne peut sérieusement être soutenue et les motifs invoqués en sont la condamnation. En effet, si Tertius, comme on vient de le dire, n'est qu'un mandataire, s'il n'est pas dans le procès, à quel titre pourra-t-il obtenir une condamnation à lui personnelle, complètement indépendante de la condamnation principale. A-t-on exemple d'une décision judiciaire intervenue entre d'autres personnes que celles régulièrement mises en cause ? Et c'est pour cela que l'article 130 du code de procédure civile nous apprend que la partie qui succombe est condamnée aux dépens envers celle qui triomphe. C'est donc Primus qui, dans notre espèce, sera déclaré créancier de Secundus. Par un bénéfice exceptionnel de la loi, Tertius, il est vrai, aura un privilège sur cette créance de Primus contre Secundus. Mais où voit-on que ce privilège, résultant de la distraction des dépens, ne puisse exister sans l'intervention d'une condamnation particulière, qui serait indépendante du jugement qui la prononce ? Quant à nous, il n'existe entre ces deux choses aucune connexion. A l'appui de notre sentiment, nous invoquons le texte même de l'article 133 du code de procédure civile, qui impose à l'avoué la nécessité de demander la distraction des dépens à son profit *lors de la prononciation du jugement*. Cet article ajoute : « La distraction ne pourra être ordonnée que *par le jugement qui en portera condamnation*. » Le jugement à intervenir forme donc un tout indivisible et la disposition, relative aux dépens, fait corps avec l'ensemble ;

1. PONCET, *Jug.*, t. I.

or, la règle par laquelle la réunion dans un seul et même jugement de deux condamnations se trouve exigée, serait injustifiable si, comme le soutiennent nos contradicteurs, il était établi que la condamnation aux dépens est une condamnation *particulière, indépendante de la condamnation principale*. Dans cette hypothèse, on ne comprendrait pas davantage le motif qui rendrait irrecevable l'avoué à réclamer le bénéfice de la distraction des dépens après le jugement. Cependant le doute ne saurait être permis sur ce point, puisque l'article 133 dispose, d'une manière non équivoque, que « *la distraction des dépens ne pourra être prononcée que par le jugement qui portera condamnation* ». On nous opposera sans doute cette objection : Tous les frais ultérieurs tels que enregistrement, expédition, signification du jugement ne doivent pas être compris dans l'exécutoire des dépens, parce que le tribunal ne pouvait prononcer sur des frais non encore exposés. Il est indispensable, poursuivra-t-on, de faire rendre une nouvelle décision au sujet du surplus des frais avancés par l'avoué, si l'on veut que la protection promise à celui-ci soit réellement efficace. Et ce point une fois admis, on s'en prévaudra contre nous pour induire de cette nécessité de séparer la condamnation principale de la question accessoire des dépens, la reconnaissance indirecte de la distraction établie par nos contradicteurs. Notre réponse sera facile. Il est bien évident que le tribunal n'a pu statuer sur des frais non encore exposés, mais ces nouveaux frais occasionnés par la levée, l'enregistrement, l'expédition du jugement sont le complément naturel et indispensable de ce même jugement ; ils sont, en quelque sorte, la suite et l'accessoire de ceux dont la distraction a été ordonnée. Il n'y a donc, pour les dépens, qu'*une seule condamnation*, laquelle s'étend à *toutes les dépenses légales* que l'avoué a dû faire dans l'intérêt de son client. Cette opinion, au surplus, est consacrée par une jurisprudence constante[1].

Il faut remarquer, en outre, qu'il est d'autres intérêts que la loi couvre de sa protection. Elle vient également au secours du mineur, de la femme mariée, du vendeur... sans que l'on soit pour cela autorisé à dire que, pour devenir effective, cette protection nécessite une décision particulière de justice. La condamnation aux dépens, base sur laquelle repose le droit de Tertius, suppose nécessairement le rejet de la demande introduite par Secundus. L'une est la conséquence de l'autre et on ne peut pas concevoir que la condamnation accessoire ne soit indissolublement liée à la condamnation principale, tant que la solution, touchant le principal, n'aura pas acquis toute l'autorité de la chose jugée. Le jugement, qui prononce la distraction, forme un tout indivisible, qui se refuse à subir le procédé de dédoublement, préconisé par nos adversaires et contre lequel nous protestons.

Est-il nécessaire de mettre dans une lumière plus complète l'erreur de nos adversaires ? Le droit d'appeler est un droit d'ordre public ; rien ne saurait en entraver l'exercice, à moins d'une violation flagrante de la loi. Nul n'oserait affirmer cependant que si Tertius a obtenu une condamnation

---

1. V. notamm. Metz, 12 déc. 1810.—Montpellier, 2 mai 1823.—Bruxelles, 17 août 1812.

particulière, indépendante du jugement qui la prononce, la faculté de former appel ne sera pas devenue plus embarrassée. Au lieu d'un adversaire, il s'en trouvera deux. Secundus devra les combattre successivement, s'il veut obtenir la réformation de la double sentence rendue contre lui. Dès lors, il aura deux procès à suivre et si, plus tard, il se pourvoit en cassation, il pourra avoir à demander l'annulation de trois décisions mises à sa charge.

Imaginez maintenant qu'il gagne son procès contre Primus devant les juges d'appel. Sera-t-il tenu de faire débouter l'avoué en poursuivant contre ce dernier une nouvelle instance? Proclamez donc cet étrange principe : L'accessoire survit au principal alors même qu'il suppose une condamnation qui n'existe plus! Dites encore que le droit de l'avoué sera plus étendu que celui de son client, puisqu'il pourra exercer contre Secundus toute voie d'exécution, sans avoir à craindre de retour offensif de la part de ce dernier! Mais ne voyez-vous pas quelle arme redoutable vous placez entre ses mains? Dès l'instant que la distraction sera ordonnée, il n'aura à reculer devant aucune poursuite, même la plus vexatoire, même la plus coûteuse, celle de l'expropriation, par exemple. Qu'aura-t-il à redouter? Le droit en vertu duquel il procède n'est-il pas définitif, en lui offrant l'occasion de réaliser de nouveaux bénéfices? Peu lui importera l'appel interjeté; la condamnation, qui lui est échue, n'est-elle pas indépendante du jugement qui l'a prononcée? L'avoué, enfin, sera sollicité par son intérêt à agir avec diligence; il aura ouverte devant lui la procédure, toujours fructueuse, de l'expropriation, sans avoir à redouter d'être poursuivi ultérieurement en répétition des sommes déjà perçues.

Une erreur des premiers juges causerait donc au perdant un préjudice irréparable. D'un côté, il aurait à subir les poursuites vexatoires de l'avoué, agissant en vertu d'un droit qui sera peut-être détruit par les juges d'appel; de l'autre, en cas d'insolvabilité de Primus et si le perdant de première instance gagne son procès devant la juridiction supérieure, celui-ci serait sans recours pour exercer la *condidictio indebiti*. Non, cette thèse est inadmissible, elle serait la négation de tout principe juridique. Ne faudrait-il pas, en effet, admettre que Tertius est devenu partie dans l'instance? Sans cela, comment aurait-on pu prononcer, en sa faveur, une condamnation particulière, indépendante de la condamnation principale. Dès lors il devra figurer personnellement devant les juges d'appel, qui seraient sans pouvoir pour réformer, en son absence, la disposition le concernant. Notons encore cette conséquence : La cause n'appartiendrait plus aux parties, car il ne leur serait plus permis de la défendre, comme elles l'entendent, et de transiger en dehors de la participation de l'avoué.

Énoncer ces conclusions n'est-ce pas surabondamment établir l'erreur de nos contradicteurs, à l'encontre desquels se dresse du reste les autorités les plus irrécusables.

V

Un cinquième système s'est également produit. Nous le trouvons exposé par M. Boucher d'Argis[1], qui s'exprime en ces termes : « *Généralement* la condamnation aux dépens doit être prononcée au profit de la partie qui gagne son procès comme accessoire de la condamnation principale. Mais comme presque toujours, ce sont les avoués qui font l'avance des frais, de telle sorte qu'en réalité, ils en sont les véritables créanciers, la loi leur permet d'en demander *la distraction*, c'est-à-dire de faire séparer, à leur profit, la condamnation aux dépens des condamnations prononcées en faveur de leurs parties, *ou autrement de se faire constituer les mandataires de celles-ci*, à l'effet de les toucher à leur place. »

Avant de toucher au fonds même de la discussion de cette théorie, il est impossible de laisser passer inaperçue une grave méprise de cet auteur, étrangère, il est vrai, à l'objet de cette étude.

Généralement, nous dit-il, la condamnation aux dépens doit être prononcée au profit de la partie qui gagne son procès... Il y a là une erreur manifeste et le contre-pied de l'art. 130 code de procéd. civ. qui porte en toutes lettres : « *Toute partie* qui succombe *sera* condamnée aux dépens. » Vous le voyez, aucune prescription ne peut être plus énergiquement impérative, elle s'étend à tous les cas, elle ne supporte aucun tempérament et ne peut autoriser la moindre exception, sauf celle de l'art. 131 code de procéd. civ. Ce n'est donc pas *généralement*, mais *toujours* que la condamnation aux dépens devra être prononcée au profit de la partie qui gagne son procès, si, bien entendu, cette dernière a conclu en ce sens, art. 480, § 3.

Lorsqu'en présence d'une disposition aussi manifestement claire, il devient possible que les avis soient partagés, on a lieu d'être moins surpris du laisser aller avec lequel ceux qui ont reçu ou ceux qui se donnent mission d'appliquer ou d'enseigner les lois se substituent, sous prétexte d'interprétation, au législateur.

Plusieurs fois déjà, au cours de cette étude, nous avons eu occasion de signaler cette fâcheuse tendance, qui n'aboutit à rien moins qu'à obscurcir et dénaturer des textes indiscutables par des explications puisées à une tout autre source que celle de la loi. Et, à ce propos, il nous est revenu en mémoire cette exclamation profondément juste de Napoléon Ier s'écriant, après avoir parcouru le premier traité du code civil : « Mon code est perdu ! » Le célèbre procureur général Dupin traduisait, à son tour, la même pensée lorsqu'il se déclarait plus ami des lois que de ses commentaires.

On ne saurait trop y prendre garde, en effet ; nous sommes sur un terrain glissant, la pente en est aussi rapide que dangereuse. Bien aveugle celui qui ne voit pas que la porte restera désormais grande ouverte à l'arbitraire, si les dispositions légales, le plus nettement formulées, sont impuissantes à

---

1. BOUCHER D'ARGIS : *Dictionnaire raisonné de la taxe en matière civile*, par Alex. SOREL, Distraction des dépens, I.

étouffer la controverse et à enchaîner la conscience du juge. Mais lorsque ces écarts viennent à se produire, il est rare que l'on ne cherche pas à les faire excuser par des raisons d'intérêt public, que l'on ne dise pas que la subtilité du droit doit fléchir devant je ne sais quelles considérations morales[1]. Il y aurait mauvaise grâce à méconnaître que la loi n'est pas, dans tous les cas, la consécration absolue du juste, (en matière de prescription par exemple) mais, à coup sûr, l'arbitraire de la loi est préférable à l'arbitraire des hommes. Nous ne saurions, du reste, mieux faire que de reproduire les belles paroles de Mourlon sur ce point : « Lorsque la loi est claire, dit cet éloquent jurisconsulte, formelle, le juge doit la suivre alors même que son application paraît peu raisonnable et contraire à l'équité naturelle : *dura lex, sed lex!* Un bon magistrat humilie sa raison devant celle de la loi ; car il est institué pour juger selon elle et non pour la juger. Rien n'est au-dessus de la loi et c'est prévariquer que d'en éluder les dispositions, sous prétexte que l'équité naturelle y résiste. En jurisprudence, il n'y a pas, il ne peut pas y avoir de raison plus raisonnable, d'équité plus équitable que la raison ou que l'équité de la loi[2]. »

Qu'on ne vienne donc plus justifier ces dérogations en s'abritant derrière les mots de justice, de morale, de droit naturel. Nous dirions alors avec le même auteur : « On voit tous les jours des juges traiter de vaines subtilités les résolutions du droit positif et le pervertir à force d'équité[3]. » Nos pères avaient raison : Dieu nous garde, disaient-ils, de l'équité des parlements ! On comprend aussi la requête des Savoyards, demandant à François Ier de n'être pas jugés suivant l'équité[4]. C'est qu'en effet, la loi écrite manquerait à sa destination si son existence n'avait pas précisément pour but de fixer des règles invariables, à l'application rigoureuse desquelles le magistrat ne peut se soustraire sans faillir à son mandat. Ne pas laisser à cette règle l'inflexible rigidité qu'elle doit avoir, c'est reconnaître au juge le pouvoir d'amender, de corriger, de transformer nos codes ; c'est établir une confusion qui, fatalement, conduit à l'anarchie. Le droit écrit est notre souverain. Ses prescriptions ne doivent laisser place qu'à notre respect et notre obéissance. Les appréciations humaines sont variables à l'infini, elles se modifient et se transforment suivant mille circonstances ; la loi, au contraire, impassible au milieu des vicissitudes sociales, se révèle en nous accordant à tous son égale protection. L'inviolabilité et le respect le plus exact des règles tracées par le législateur sont donc la sauvegarde la plus puissante de la liberté, de la sécurité du citoyen, comme aussi de l'autorité, qui doit toujours s'attacher aux décisions de nos tribunaux.

Nous l'avons dit, il est profondément regrettable que ces considérations, par lesquelles nous nous sommes laissés peut-être trop longtemps distraire de notre sujet, n'aient pas acquis, dans la pratique, toute l'autorité qu'elles

1. PONCET, *Jugement,* t. I.
2. POTHIER : *Traité du mandat,* chap. V, n° 137.
3. MOURLON : *Répétitions écrites,* t. I. p. 58.
4. MOURLON : *Ibid.*

méritent. Nous n'aurions pas eu, en effet, le regret de voir le nom de l'honorable magistrat, dont nous venons de souligner la méprise, protéger de son autorité le système que nous combattons ; nous n'aurions pas d'avantage à nous élever contre les nombreuses théories qui divisent les auteurs et la jurisprudence, au sujet de l'article 133 du code de procédure civile. Car à notre humble avis, la précision de cet article ne paraissait pas devoir comporter un luxe aussi complet d'opinions discordantes.

Mais reprenons la doctrine enseignée par M. Boucher d'Argis. D'après cet auteur, l'avoué, par le jugement prononçant la distraction, *s'est fait constituer le mandataire de sa partie*, à l'effet de toucher le montant des dépens, auxquels le perdant a été condamné.

La réfutation de ce système ne nous imposera pas, croyons-nous, de sérieux efforts. Il est utile de rappeler, avant toute chose, que les obligations ont des origines connues et définies. Donc, si on prétend nous faire admettre que Tertius a été investi d'un mandat, il faudra parallèlement établir que le *vinculum juris*, la nécessité juridique, obligeant Secundus à se libérer entre les mains de Tertius, dérive d'un contrat de mandat. Ici, comme précédemment, on élude la difficulté par les mêmes moyens : on nous affirme que l'avoué a été constitué mandataire de sa partie, à l'effet de toucher, à la place de cette dernière, le montant de la condamnation aux dépens, comme on nous avait assuré ailleurs qu'il était subrogé ou cessionnaire. Quant à nous faire connaître les motifs de décider ainsi, on pense, sans doute, que cette opinion s'impose suffisamment d'elle-même pour que toute indication soit superflue ; et alors on s'enveloppe dans une impénétrable discrétion. Cependant, quelque juste et méritée que soit l'autorité de ceux qui nous donnent cette assurance, nous la déclarons impuissante à forcer notre conviction. Affirmer l'existence d'une chose ne suffit pas, ce semble, à déterminer la certitude que cette chose existe réellement et nous serions désireux de savoir par quelles raisons on pourrait expliquer, sinon justifier, la prétention de nos adversaires.

Néanmoins, nous allons rechercher, à défaut d'indications précises, quelle pourrait bien être la nature du mandat si bénévolement accordé à l'avoué distractionnaire. Ce n'est point un *mandat légal*, puisque nous ne trouvons aucun texte de loi conférant ce pouvoir à l'avoué ; il faut également écarter le mandat conventionnel, puisqu'il se formerait en dehors de la participation des parties et qu'on chercherait vainement une *procuration donnée* par Primus et *acceptée* par Tertius. Dira-t-on que nous sommes en présence d'un mandat judiciaire ? Mais alors on devra nous opposer une décision émanant de la justice. Or, nous savons qu'aucun acte de ce genre n'est intervenu, à moins de prétendre que les juges ayant déclaré que les dépens seraient distraits au profit de Tertius, cette déclaration signifie que ce même Tertius sera constitué mandataire, à l'effet de toucher ces dépens, à la place de Primus. Et alors, il se trouverait que Secundus serait lié, en vertu d'un contrat judiciaire, envers une personne étrangère à la cause ;

que le tribunal aurait statué *ultra petita* en accordant à l'avoué un mandat judiciaire, qui n'était pas demandé et ne pouvait être accordé aux termes de l'article 133 du code de procédure civile, notre règle en cette matière.

Nous n'insistons pas davantage. Cependant il nous eut été facile d'invoquer de nouveaux motifs. Ainsi, tout mandataire est tenu (art. 1993 c. civ.) de rendre compte de sa gestion et de faire raison au mandant de toutes les sommes par lui perçues. Or, dans le cas présent, l'avoué, en vertu de la distraction, touchera de la partie condamnée le montant de l'exécutoire ; mais, cela, sans avoir à fournir à sa partie la moindre justification. Antérieurement au prononcé du jugement, il est tenu, sur la demande qui en est faite, de produire à l'appui de son affirmation son registre, mais lorsque les dépens ont été distraits à son profit il touche une créance, qui lui est reconnue et attribuée.

On sait encore que la procuration prend fin par la mort, l'interdiction ou la déconfiture du mandant. Supposez qu'un de ces faits vienne à se produire, direz-vous qu'il aura pour résultat d'entraver l'exercice de l'action de l'avoué contre le perdant ? Évidemment non, car ce n'est pas dans l'intérêt de son client, à titre de bon office, que Tertius agit contre Secundus, c'est sa propre affaire qu'il gère, c'est le montant de ce qui lui est dû, dont il demande le remboursement. En un mot, l'avoué devient le créancier du perdant, l'exécutoire des dépens sera délivré en son nom et conformément à l'art. 133 code de procédure civile, il aura le droit de poursuivre le recouvrement de ses frais et honoraires ; mais rien de tout cela n'autorise l'intrusion du contrat de mandat, dont l'utilité pratique n'est même pas justifiée.

<h2 style="text-align:center">VI</h2>

Quelques mots au sujet du système dans lequel on prétend que la distraction des dépens a pour conséquence d'*opérer une novation*. Après ce qui vient d'être dit, il serait superflu de s'attarder à fournir une longue réfutation. Nous reconnaissons d'ailleurs que cette théorie n'a guère tenté de se produire que d'une façon incidente, accidentelle, notamment dans quelques jugements ou arrêts, qu'il importe peu de signaler. Il est généralement accepté que la distraction des dépens, prononcée au profit d'un avoué, n'opère point une novation, dont l'effet serait de libérer la partie pour laquelle il occupe. Celle-ci est tenue de le rembourser de ses avances, de lui payer ses honoraires, si le perdant n'a pas lui-même effectué ce paiement. C'est encore là un point incontesté[1].

Que nous faut-il de plus ? Est-il besoin de chercher de nouveaux arguments ? Il suffira de rappeler que la novation est l'extinction d'une dette par une autre dette ; ou bien, suivant la définition de Pothier, « la substitution d'une dette nouvelle à une dette ancienne ». Or, est-il besoin de le redire, il n'y a pas eu, dans l'hypothèse qui nous occupe, extinction d'une dette par une autre dette, mais plutôt création d'une obligation nouvelle.

1. Paris, 8 therm. an VIII.

Après la distraction ordonnée, Tertius aura deux garanties au lieu d'une. Et, au risque de nous répéter à satiété, n'oublions pas que Primus restera, malgré la distraction, engagé vis-à-vis de son avoué et conservera son droit de créance contre Secundus, condamné aux dépens[1]. En un mot, les premiers liens juridiques n'ayant pas été rompus, il n'y a pas eu novation.

VII

Et maintenant, voici quels sont, suivant nous, la nature et les effets de la distraction des dépens. Il faut convenir, avec Dalloz, que cette dernière sort tellement du droit commun[2], qu'il est peut-être difficile de lui assigner un caractère légal bien déterminé.

Cependant, la distraction des dépens, étant un droit d'exception, s'écartant des règles du droit commun, doit, comme toute exception, être rigoureusement enserrée dans les limites fixées par le législateur. A plus forte raison doit-il en être ainsi en matière de dépens. C'est ce qui explique pourquoi le privilège de la distraction des dépens n'a pas été étendu aux huissiers. Il est spécial aux avoués et les autres officiers ministériels ne peuvent y prétendre[3]. Il faut donc s'en rapporter strictement à l'article 133 de procédure civile qui, seul, s'occupe de la matière dont s'agit. Il est certain que ce texte est loin d'offrir un modèle de précision et de clarté. Tel qu'il est conçu, il présente néanmoins un sens déterminé, très compréhensible, sans qu'il soit besoin d'avoir recours à des fictions, pour en déterminer la portée. Aux termes de cet article, l'avoué possède la faculté de requérir la distraction des dépens à son profit, c'est-à-dire de faire séparer, disjoindre, de l'ensemble des condamnations, celle qui est relative aux dépens. Jusqu'ici rien de plus clair. Mais une fois cette séparation faite, les difficultés commencent. Quelle sera la nature du droit accordé à l'avoué? Comment fixer exactement la situation respective de Tertius à l'égard de son client et du perdant? Quels vont être les rapports juridiques de Primus vis-à-vis de Secundus? De ce qu'une portion a été détachée de son entier, de ce que la condamnation des dépens cesse de faire corps avec les autres condamnations, faut-il conclure à la nécessité d'une subrogation, d'un transport-cession... pour définir la qualité du droit acquis par l'avoué? Rien n'est moins raisonnable et nous le prouvons par l'exemple suivant :

Un créancier, porteur d'un titre régulier, fait pratiquer une saisie-arrêt, entre les mains du trésorier payeur général, sur le traitement d'un fonctionnaire de l'ordre administratif. Évaluons à mille francs le total des appointements payables à ce dernier et à deux cents francs le montant de la créance réclamée. Après avoir passé en force de la chose jugée, est-ce que le jugement de validité n'aura pas pour conséquence de conférer au créancier, sur les deniers arrêtés, un droit d'*appréhension directe* jusqu'à concurrence

1. Pigeau, I, 620. — Chauveau, I, 215. — Rivoire, V° *Dép.*, 11. — Cassation, 27 mai 1807. — Rouen, 13 juin 1846. — Angers, 20 décembre 1848.—Paris, 25 mai 1872.
2. Dalloz, J. G., *Frais et dép.*, 122.
3. Chauveau, Q. 570 *bis*. — Rivoire. V° *Dép.*, 15. — Bioche. V° *Dép.*, 247.

de deux cents francs? Est-ce que ces deux cents francs ne seront pas distraits, séparés du total de mille francs, qui devait être perçu par le fonctionnaire? Dira-t-on cependant, avec les cours de Lyon et de Nîmes [1], que le jugement de validité forme, en faveur du saisissant, une cession ou subrogation le rendant propriétaire de la somme qu'il est autorisé à toucher? Évidemment non. Qu'est-il besoin, en effet, de recourir sans cesse à la cession ou à la subrogation pour expliquer les choses les plus simples? Les juges, reconnaissant la légitimité de la demande présentée par le créancier, prescrivent que le tiers saisi videra ses mains en celles du saisissant. Pourquoi donc voir autre chose, dans tout ceci, qu'une décision émanée d'une autorité judiciaire, légalement constituée, qu'un ordre de justice entraînant exécution, comme tout jugement?

La distraction fait naître au profit de l'avoué un droit unique, spécial, *sui generis*, qui n'équipolle à aucun autre. Il y a donc erreur à nous représenter l'avoué comme subrogé à son client, comme cessionnaire de la créance appartenant à ce dernier... L'article 133 de procédure civile sépare la condamnation des dépens, adjugée au gagnant conformément à l'article 130, des autres condamnations et protège, d'une façon effective, par ce moyen, les intérêts de l'avoué. Cette doctrine se trouve, du reste, très justement développée dans un arrêt remarquable de la cour de Bourges [2], confirmé par la cour suprême. Suivant cette jurisprudence « la distraction des dépens n'est autre chose qu'une espèce de saisie avec privilège sur le gagnant, entre les mains de la partie condamnée, prononcée au profit de l'avoué, lequel, ne pouvant avoir des droits plus étendus que celui de la partie, voit son droit suspendu pendant l'appel du jugement, qui ordonne la distraction ».

Cette solution est, à notre sens, la seule qui s'inspire des véritables principes, la seule morale et la seule aussi qui vienne efficacement en aide à l'avoué, sans compromettre les intérêts des plaideurs. Nous faisons toutefois une réserve et nous regrettons que les magistrats de Bourges n'aient pas mentionné dans l'arrêt précité que le droit de l'avoué ne pourra être exercé, tant que le jugement, d'où il est sorti, sera attaquable par la voie d'appel. Mais sauf cette légère lacune, nous estimons que cette décision contient l'interprétation vraie qu'il convient d'attribuer à notre article 133.

En effet, lorsque dans l'espèce que nous avons choisie, les juges prononcent la distraction des dépens, voici sur ce point quel est le sens de leurs paroles. C'est comme s'ils disaient aux plaideurs : « Nous déclarons les prétentions de Secundus mal fondées et conformément à l'article 130 du code de procédure civile, nous le condamnons aux dépens envers Primus. D'un autre côté, faisant droit à la demande de Tertius, qui affirme avoir fait la plus grande partie des avances, dans l'intérêt de son client, nous séparons, à son profit, de la condamnation principale, la condamnation accessoire des

1. Lyon, 24 août 1827. — Nîmes, 8 fév. 1832.
2. Bourges, 20 avril 1828. — Cass., c. civ., 12 avril 1820.

dépens. Le montant de ces frais sera donc immobilisé en quelque sorte entre les mains de Secundus jusqu'à l'évènement de la contestation. La distraction des dépens n'est donc autre chose qu'une espèce de saisie avec privilège sur le client entre les mains de la partie condamnée. L'avoué obtient ainsi une créance directe contre la partie perdante. Toutes les oppositions qui pourraient être pratiquées par des tiers, toutes les compensations proposées seront, par conséquent, considérées comme non avenues; ce n'est qu'en désintéressant Tertius que le perdant obtiendra sa libération. Cependant, hâtons-nous de le dire, notre jugement n'est rendu qu'en premier ressort; il est donc susceptible d'être réformé, cassé ou annulé. Comme le droit d'appel est d'ordre public et doit être dégagé de toute entrave, nous sommes d'avis que toute voie d'exécution, suivie par l'avoué à l'encontre de la partie condamnée, pendant toute la durée du délai fixé par la loi pour former appel, non seulement sera radicalement nulle[1], mais encore exposerait le poursuivant à une condamnation en dommages-intérêts[2]. Le jour où la contestation, qui vous divise, sera définitivement tranchée : soit que notre décision, non frappée d'appel, passe en force de la chose jugée, soit qu'elle obtienne confirmation devant la cour, ce jour-là, Tertius aura le pouvoir de poursuivre le remboursement des sommes par nous réservées dans son intérêt. Dans le cas où Secundus paierait à l'avoué le montant des dépens, il sera censé renoncer au bénéfice résultant des délais assignés par la loi pour former appel, et ne pourra, par conséquent, répéter contre Tertius les sommes légitimement dues à ce dernier. Il n'y a, dans l'espèce actuelle, ni subrogation, ni transport-cession, ni condamnation particulière et indépendante du jugement.... c'est pour cela que nous reconnaissons à Primus la faculté de lever l'exécutoire en son nom et de réclamer personnellement le recouvrement des dépens. On serait victime d'une grande méprise si on allait croire que le droit de distraction représente un droit illusoire et, en quelque sorte, purement nominal. Si l'avoué prend souci de ses affaires, n'a-t-il pas, à son service, le moyen de paralyser toute action de la part de son client? Il lui suffira, en effet, pour rendre infructueuses les poursuites de Primus, de faire notifier l'exécutoire en son propre nom ou de saisir les dépens, entre les mains de Secundus. Allant même plus loin, il lui sera loisible de prendre hypothèque sur les biens de la partie perdante[3]. »

On le voit, les garanties données à l'avoué sont aussi complètes que possible. La protection que cet officier ministériel puise dans le texte de l'article 133 ne laisse pas que d'être efficace, sans qu'il soit besoin de recourir à des systèmes cotoyant la loi, mais qui ne sont pas la loi, de faire appel à des fictions étrangères à la science du droit et dont nous venons de signaler à la fois le danger et l'erreur.

1. CARRÉ et CHAUVEAU, *Q.* 570 *bis.* — RODIÈRE, p. 399. — RIVOIRE, v° *Dép.*, 12. — BOUCHER D'ARGIS, p. 137.— ROUSSEAU et LAISNEY, t. III, n° 127. — Cass., 12 avril 1820.
2. *Ibid.*
3. BIOCHE, *Dép.*, n° 234. — Code civil, 2117, 2123. — DEMIAU, art. 133.

Fontainebleau. — E. Bourges, imp. breveté.

LA FRANCE JUDICIAIRE

REVUE BI-MENSUELLE

DE LÉGISLATION, DE JURISPRUDENCE ET D'ÉLOQUENCE JUDICIAIRE

plus spécialement consacrée à recueillir

LES TRAVAUX JURIDIQUES, HISTORIQUES ET LITTÉRAIRES

DE LA MAGISTRATURE ET DU BARREAU

FONDÉE ET PUBLIÉE SOUS LE PATRONAGE DE

MM. **G. Bédarrides** (O. ※), président à la cour de cassation; — **A. Pouyer** (※), président du tribunal de Rouen; — **E. Rousse** (※), ancien bâtonnier de l'Ordre des avocats de Paris

PAR

CHARLES CONSTANT

Avocat à la cour d'appel de Paris,
Officier d'Académie,

AVEC LE CONCOURS ET LA COLLABORATION DE

MM. **Bauny de Récy**, sous-chef à la direction générale des Domaines; — **Belot**, professeur à la faculté des lettres de Lyon; — **Bertin** (※), ancien rédacteur en chef du *Droit*; — **Chaix d'Est-Ange** (※), avocat à la cour de Paris; — **Coulon**, avocat à la cour de Paris; — **Desjardins** (※), avocat général à la cour de cassation; — **Desmaze** (O. ※), conseiller à la cour de Paris; — **Dramard**, conseiller à la cour de Limoges; — **Flourens** (※), conseiller d'Etat; — **Garraud**, professeur à la faculté de droit de Lyon — **Glasson**, professeur à la faculté de droit de Paris; — **Herbet**, avocat à la cour de Paris; — **Huard**, avocat à la cour de Paris; — **Hugues**, conseiller à la cour d'Alger; — **Le Courtois**, professeur à la faculté de droit de Poitiers; — **Martin le Neuf de Neuf-Ville** (O. ☽), vice-président du tribunal d'Alençon; — **Morillot**, substitut du procureur général, à Douai; — **Testoud**, professeur à la faculté de droit de Grenoble; — **Vente** (※), conseiller à la cour de cassation; — **Villey**, agrégé à la faculté de droit de Caen; — **Viollaud**, conseiller à la cour d'Orléans.

PRIX DE L'ABONNEMENT

18 francs par an

PARIS

A. DURAND et PEDONE-LAURIEL, ÉDITEURS

LIBRAIRES DE LA COUR D'APPEL ET DE L'ORDRE DES AVOCATS

G. PEDONE-LAURIEL, SUCCESSEUR

13, rue Soufflot, 13.

Fontainebleau. — M. E. Bourges imp. breveté.

www.ingramcontent.com/pod-product-compliance
Lightning Source LLC
LaVergne TN
LVHW021055050726

842519LV00003B/1168